Prefácio
Pe. Joãozinho, S

MINHA VIDA PARA DEUS

Um *planner* com mensagens
de esperança e fé

petra

Direitos de edição da obra em língua portuguesa no Brasil adquiridos pela Petra Editorial Ltda. Todos os direitos reservados. Nenhuma parte desta obra pode ser apropriada e estocada em sistema de banco de dados ou processo similar, em qualquer forma ou meio, seja eletrônico, de fotocópia, gravação etc., sem a permissão do detentor do copirraite.

Petra Editora
Rua Candelária, 60 — 7º andar — Centro — 20091-020
Rio de Janeiro — RJ — Brasil
Tel.: (21) 3882-8200

Dados Internacionais de Catalogação na Publicação (CIP)
(Câmara Brasileira do Livro, SP, Brasil)

Minha vida para Deus: Um *planner* com mensagens de esperança e fé / Prefácio Pe. Joãozinho. -- 1. ed. -- Rio de Janeiro : Petra, 2020.

ISBN 978-85-82781-87-6

1. Administração do tempo 2. Calendário devocional 3. Fé (Cristianismo) 4. Livros de oração e devoção 5. Mensagens 6. Vida religiosa I. Padre Joãozinho.

20-40665   CDD-248.4

Índices para catálogo sistemático:
1. Fé : Vida cristã : Cristianismo 248.4
Maria Alice Ferreira - Bibliotecária - CRB-8/7964

Queridos amigos,

Jesus ensinou que não devemos nos preocupar com o dia de amanhã, pois Deus veste os lírios, alimenta os pardais e cuida de cada um de nós. Mas disse também que, antes de começar uma construção, devemos contar os tijolos. Moral da história: é preciso planejar para não se pré-ocupar. A administração espiritual do tempo é uma virtude das pessoas que reconhecem cada minuto como um valioso presente do céu. Planejar cada dia é uma forma de louvar o Senhor do Tempo. Quem se programa descobre que existe um tempo para tudo: tempo de rezar e tempo de trabalhar; tempo de ação e tempo de contemplação; tempo de sorrir e tempo de festejar; o tempo do discurso e um tempo para calar. Não seremos escravos do relógio, do cronos. Conheceremos o tempo-kairós, onde cada instante esconde uma eternidade. Viver bem o tempo na terra é se preparar para o céu, onde tudo será um eterno "presente".

Este *planner* é um excelente instrumento para isso. Com ele, além de organizar todos os seus afazeres — lembrando que a ordem é uma das virtudes mais negligenciadas! —, é possível receber a inspiração de alguns dos maiores santos da história, bem como estabelecer pequenos pontos de melhora e lembrar suas intenções especiais de oração. Que bom seria se este *planner* se tornasse um primeiro passo para uma vida interior mais intensa!

Conte com as minhas preces e bênçãos!

Pe. Joãozinho, SCJ
Teólogo e comunicador

Calendários

2021

Janeiro
D S T Q Q S S
              1 2
3 4 5 6 7 8 9
10 11 12 13 14 15 16
17 18 19 20 21 22 23
24/31 25 26 27 28 29 30

Fevereiro
D S T Q Q S S
  1 2 3 4 5 6
7 8 9 10 11 12 13
14 15 16 17 18 19 20
21 22 23 24 25 26 27
28

Março
D S T Q Q S S
  1 2 3 4 5 6
7 8 9 10 11 12 13
14 15 16 17 18 19 20
21 22 23 24 25 26 27
28 29 30 31

Abril
D S T Q Q S S
          1 2 3
4 5 6 7 8 9 10
11 12 13 14 15 16 17
18 19 20 21 22 23 24
25 26 27 28 29 30

Maio
D S T Q Q S S
              1
2 3 4 5 6 7 8
9 10 11 12 13 14 15
16 17 18 19 20 21 22
23/30 24/31 25 26 27 28 29

Junho
D S T Q Q S S
    1 2 3 4 5
6 7 8 9 10 11 12
13 14 15 16 17 18 19
20 21 22 23 24 25 26
27 28 29 30

Julho
D S T Q Q S S
          1 2 3
4 5 6 7 8 9 10
11 12 13 14 15 16 17
18 19 20 21 22 23 24
25 26 27 28 29 30 31

Agosto
D S T Q Q S S
1 2 3 4 5 6 7
8 9 10 11 12 13 14
15 16 17 18 19 20 21
22 23 24 25 26 27 28
29 30 31

Setembro
D S T Q Q S S
      1 2 3 4
5 6 7 8 9 10 11
12 13 14 15 16 17 18
19 20 21 22 23 24 25
26 27 28 29 30

Outubro
D S T Q Q S S
           1 2
3 4 5 6 7 8 9
10 11 12 13 14 15 16
17 18 19 20 21 22 23
24/31 25 26 27 28 29 30

Novembro
D S T Q Q S S
  1 2 3 4 5 6
7 8 9 10 11 12 13
14 15 16 17 18 19 20
21 22 23 24 25 26 27
28 29 30

Dezembro
D S T Q Q S S
     1 2 3 4
5 6 7 8 9 10 11
12 13 14 15 16 17 18
19 20 21 22 23 24 25
26 27 28 29 30 31

2022

Janeiro
D S T Q Q S S
              1
2 3 4 5 6 7 8
9 10 11 12 13 14 15
16 17 18 19 20 21 22
23/30 24/31 25 26 27 28 29

Fevereiro
D S T Q Q S S
    1 2 3 4 5
6 7 8 9 10 11 12
13 14 15 16 17 18 19
20 21 22 23 24 25 26
27 28

Março
D S T Q Q S S
    1 2 3 4 5
6 7 8 9 10 11 12
13 14 15 16 17 18 19
20 21 22 23 24 25 26
27 28 29 30 31

Abril
D S T Q Q S S
            1 2
3 4 5 6 7 8 9
10 11 12 13 14 15 16
17 18 19 20 21 22 23
24 25 26 27 28 29 30

Maio
D S T Q Q S S
1 2 3 4 5 6 7
8 9 10 11 12 13 14
15 16 17 18 19 20 21
22 23 24 25 26 27 28
29 30 31

Junho
D S T Q Q S S
        1 2 3 4
5 6 7 8 9 10 11
12 13 14 15 16 17 18
19 20 21 22 23 24 25
26 27 28 29 30

Julho
D S T Q Q S S
            1 2
3 4 5 6 7 8 9
10 11 12 13 14 15 16
17 18 19 20 21 22 23
24/31 25 26 27 28 29 30

Agosto
D S T Q Q S S
  1 2 3 4 5 6
7 8 9 10 11 12 13
14 15 16 17 18 19 20
21 22 23 24 25 26 27
28 29 30 31

Setembro
D S T Q Q S S
          1 2 3
4 5 6 7 8 9 10
11 12 13 14 15 16 17
18 19 20 21 22 23 24
25 26 27 28 29 30

Outubro
D S T Q Q S S
              1
2 3 4 5 6 7 8
9 10 11 12 13 14 15
16 17 18 19 20 21 22
23/30 24/31 25 26 27 28 29

Novembro
D S T Q Q S S
    1 2 3 4 5
6 7 8 9 10 11 12
13 14 15 16 17 18 19
20 21 22 23 24 25 26
27 28 29 30

Dezembro
D S T Q Q S S
           1 2 3
4 5 6 7 8 9 10
11 12 13 14 15 16 17
18 19 20 21 22 23 24
25 26 27 28 29 30 31

Minhas metas para o ano:

Meu ano em listas................

Orações de sempre

Sinal da Cruz

Em nome do Pai e do Filho
e do Espírito Santo. Amém.

....

Pai-nosso

Pai nosso que estais nos céus,
santificado seja o vosso nome;
venha a nós o vosso reino,
seja feita a vossa vontade
assim na terra como no céu.
O pão nosso de cada dia nos dai hoje;
perdoai-nos as nossas ofensas assim como
nós perdoamos a quem nos tem ofendido,
e não nos deixeis cair em tentação,
mas livrai-nos do mal.
Amém.

....

Ato de contrição

Senhor, eu me arrependo sinceramente
de todo mal que pratiquei e do bem
que deixei de fazer. Pecando, eu vos
ofendi, meu Deus e sumo bem, digno
de ser amado sobre todas as coisas.
Prometo firmemente, ajudado com a
vossa graça, fazer penitência e fugir
às ocasiões de pecar. Amém.

Ave-Maria

Ave Maria, cheia de graça,
o Senhor é convosco,
bendita sois vós entre as mulheres
e bendito é o fruto do vosso ventre, Jesus.
Santa Maria, Mãe de Deus,
rogai por nós pecadores,
agora e na hora da nossa morte.
Amém.

....

Salve-rainha

Salve, Rainha, Mãe de misericórdia,
vida, doçura, esperança nossa, salve!
A vós bradamos, os degredados
filhos de Eva,
a vós suspiramos, gemendo e chorando
neste vale de lágrimas.
Eia, pois, Advogada nossa,
esses vossos olhos misericordiosos
a nós volvei,
e depois deste desterro
mostrai-nos Jesus,
bendito fruto de vosso ventre,
ó, clemente, ó, piedosa, ó, doce sempre
Virgem Maria.
V/. Rogai por nós, Santa Mãe de Deus!
R/. Para que sejamos dignos
das promessas de Cristo.
Amém.

Credo apostólico

Creio em Deus Pai todo-poderoso,
criador do céu e da terra;
e em Jesus Cristo,
seu único Filho, nosso Senhor;
que foi concebido pelo poder do
Espírito Santo;
nasceu da Virgem Maria,
padeceu sob Pôncio Pilatos,
foi crucificado, morto e sepultado;
desceu à mansão dos mortos;
ressuscitou ao terceiro dia;
subiu aos céus,
está sentado à direita de Deus Pai
todo-poderoso,
donde há de vir a julgar os vivos
e os mortos;
creio no Espírito Santo,
na Santa Igreja Católica,
na comunhão dos Santos,
na remissão dos pecados,
na ressurreição da carne,
na vida eterna.
Amém.

Glória

Glória ao Pai e ao Filho
e ao Espírito Santo.
Como era no princípio,
agora e sempre.
Amém.

Santo anjo do Senhor

Santo anjo do Senhor,
meu zeloso guardador,
se a ti me confiou a Piedade divina,
sempre me rege, me guarda,
me governa, me ilumina.
Amém.

Vinde, Espírito Santo

Vinde, Espírito Santo,
enchei os corações dos vossos fiéis
e acendei neles o fogo do vosso amor.
Enviai o vosso Espírito e tudo será criado
e renovareis a face da terra.
Oremos. Ó, Deus, que instruíste os
corações dos vossos fiéis com a luz do
Espírito Santo, fazei que apreciemos
retamente todas as coisas segundo
o mesmo Espírito e gozemos da sua
consolação. Por Cristo Senhor Nosso.
Amém.

Mês

Bênçãos de Deus:

Anotações

Segunda-feira	Terça-feira	Quarta-feira

Objetivos:

Quinta-feira	Sexta-feira	Sábado	Domingo

Mês

Bênçãos de Deus:

Anotações

Segunda-feira	Terça-feira	Quarta-feira

Objetivos:

Quinta-feira	Sexta-feira	Sábado	Domingo

| Mês | Bênçãos de Deus:  |

Anotações	Segunda-feira	Terça-feira	Quarta-feira
....			
....			
....			
....			
....			
....			
....			
....			
....			
....			
....			
....			
....			
....			
....			
....			

Objetivos:

Quinta-feira	Sexta-feira	Sábado	Domingo

| Mês | Bênçãos de Deus:  |

Anotações

Segunda-feira	Terça-feira	Quarta-feira

Objetivos:

Quinta-feira	Sexta-feira	Sábado	Domingo

Mês	Bênçãos de Deus: 

Anotações	Segunda-feira	Terça-feira	Quarta-feira

Objetivos:

Quinta-feira	Sexta-feira	Sábado	Domingo

Mês	Bênçaos de Deus: 

Anotações	Segunda-feira	Terça-feira	Quarta-feira
....			
....			
....			
....			
....			
....			
....			
....			
....			
....			
....			
....			
....			

Objetivos:

Quinta-feira	Sexta-feira	Sábado	Domingo

Mês

Bênçãos de Deus:

Anotações	Segunda-feira	Terça-feira	Quarta-feira

Objetivos:

Quinta-feira	Sexta-feira	Sábado	Domingo

Mês

Bênçãos de Deus:

Anotações

Segunda-feira	Terça-feira	Quarta-feira

Objetivos:

Quinta-feira	Sexta-feira	Sábado	Domingo

Mês

Bênçãos de Deus:

Anotações

Segunda-feira	Terça-feira	Quarta-feira

Objetivos:

Quinta-feira	Sexta-feira	Sábado	Domingo

| Mês | Bênçãos de Deus:  |

Anotações

Segunda-feira	Terça-feira	Quarta-feira

Objetivos:

Quinta-feira	Sexta-feira	Sábado	Domingo

Mês

Bênçãos de Deus:

Anotações

Segunda-feira	Terça-feira	Quarta-feira

Objetivos:

Quinta-feira	Sexta-feira	Sábado	Domingo

Mês

Bênçãos de Deus:

Anotações

Segunda-feira	Terça-feira	Quarta-feira

Objetivos:

Quinta-feira	Sexta-feira	Sábado	Domingo

Mês: _____

"Onde não há amor, põe amor
e tirarás amor."
— São João da Cruz

Segunda-feira

Terça-feira

Quarta-feira

Intenções especiais de oração para esta semana:

O que me esforçarei para mudar, com a ajuda de Deus, nesta semana?

À intercessão de que santo encomendarei os meus dias?

Quinta-feira

Sexta-feira

Sábado

Domingo

Mês: _____

"A pessoa humana tem [...] uma fome que é maior que aquela que o pão pode saciar: é a fome que possui o coração humano da imensidade de Deus."
— São João Paulo II

Segunda-feira

Terça-feira

Quarta-feira

Intenções especiais de oração para esta semana:

O que me esforçarei para mudar, com a ajuda de Deus, nesta semana?

À intercessão de que santo encomendarei os meus dias?

Quinta-feira

Sexta-feira

Sábado

Domingo

Mês: _____

"As coisas de Deus são realizadas pouco a pouco e quase imperceptivelmente. O Espírito de Deus não é nem violento nem apressado."
— São Vicente de Paulo

Segunda-feira

Terça-feira

Quarta-feira

Intenções especiais de oração para esta semana:

O que me esforçarei para mudar, com a ajuda de Deus, nesta semana?

À intercessão de que santo encomendarei os meus dias?

Quinta-feira

Sexta-feira

Sábado

Domingo

Mês: _____

"Nossa casa é o céu. Na terra, somos como viajantes numa hospedaria. Quando você está longe, não para de pensar em chegar em casa."
— São João Maria Vianney

Segunda-feira

Terça-feira

Quarta-feira

Intenções especiais de oração para esta semana:

O que me esforçarei para mudar, com a ajuda de Deus, nesta semana?

À intercessão de que santo encomendarei os meus dias?

Quinta-feira

Sexta-feira

Sábado

Domingo

Mês: ....

"Se o amor habita em ti, não tens inimigo na terra."
— Santo Efrém da Síria

Segunda-feira

Terça-feira

Quarta-feira

Intenções especiais de oração para esta semana:

O que me esforçarei para mudar, com a ajuda de Deus, nesta semana?

À intercessão de que santo encomendarei os meus dias?

Quinta-feira

Sexta-feira

Sábado

Domingo

Mês: ....

"Coragem! Na vida espiritual, quem não vai para a frente retorna. É como um bote que deve sempre seguir adiante. Se ele parar, o vento o soprará para trás."

— São Pio de Pietrelcina

Segunda-feira

Terça-feira

Quarta-feira

Intenções especiais de oração para esta semana:

O que me esforçarei para mudar, com a ajuda de Deus, nesta semana?

À intercessão de que santo encomendarei os meus dias?

Quinta-feira

Sexta-feira

Sábado

Domingo

Mês: _____

"Se os tornados da tentação se levantarem contra ti, ou se estiveres se chocando contra as rochas das tribulações, olha para a estrela — recorre a Maria!"
— São Bernardo de Claraval

Segunda-feira

Terça-feira

Quarta-feira

Intenções especiais de oração para esta semana:

O que me esforçarei para mudar, com a ajuda de Deus, nesta semana?

À intercessão de que santo encomendarei os meus dias?

Quinta-feira

Sexta-feira

Sábado

Domingo

Mês: ....

"A paciência é a companheira da sabedoria."
— Santo Agostinho

Segunda-feira

Terça-feira

Quarta-feira

Intenções especiais de oração para esta semana:

O que me esforçarei para mudar, com a ajuda de Deus, nesta semana?

À intercessão de que santo encomendarei os meus dias?

Quinta-feira

Sexta-feira

Sábado

Domingo

Mês: ....

"Um santo triste é um triste santo."
— São Francisco de Assis

Segunda-feira

Terça-feira

Quarta-feira

Intenções especiais de oração para esta semana:

O que me esforçarei para mudar, com a ajuda de Deus, nesta semana?

À intercessão de que santo encomendarei os meus dias?

Quinta-feira

Sexta-feira

Sábado

Domingo

Mês: ....

"Sempre que algo desagradável ou inconveniente te ocorrer, lembra-te de Cristo crucificado e cala-te."
— São João da Cruz

Segunda-feira

Terça-feira

Quarta-feira

Intenções especiais de oração para esta semana:

O que me esforçarei para mudar, com a ajuda de Deus, nesta semana?

À intercessão de que santo encomendarei os meus dias?

Quinta-feira

Sexta-feira

Sábado

Domingo

Mês: _____

"A fé confere asas à oração, que sem ela não consegue voar até o céu."
— São João Clímaco

Segunda-feira

Terça-feira

Quarta-feira

Intenções especiais de oração para esta semana:

O que me esforçarei para mudar, com a ajuda de Deus, nesta semana?

À intercessão de que santo encomendarei os meus dias?

Quinta-feira

Sexta-feira

Sábado

Domingo

Mês: ....

"Ria e fique mais forte."
— Santo Inácio de Loyola

Segunda-feira

Terça-feira

Quarta-feira

Intenções especiais de oração para esta semana:

O que me esforçarei para mudar, com a ajuda de Deus, nesta semana?

À intercessão de que santo encomendarei os meus dias?

Quinta-feira

Sexta-feira

Sábado

Domingo

Mês: _____

"Toda a preocupação dos homens com as coisas desta vida não é senão como a brincadeira de crianças na areia. [...] Assim que a tarefa é concluída, a areia desmorona, e nada mais resta do que construíram."
— São Gregório de Nissa

Segunda-feira

Terça-feira

Quarta-feira

Intenções especiais de oração para esta semana:

O que me esforçarei para mudar, com a ajuda de Deus, nesta semana?

À intercessão de que santo encomendarei os meus dias?

Quinta-feira

Sexta-feira

Sábado

Domingo

Mês: ....

"Você odeia ser enganado?
Então não engane os outros."
— São João Crisóstomo

Segunda-feira

Terça-feira

Quarta-feira

Intenções especiais de oração para esta semana:

O que me esforçarei para mudar, com a ajuda de Deus, nesta semana?

À intercessão de que santo encomendarei os meus dias?

Quinta-feira

Sexta-feira

Sábado

Domingo

Mês: ----------------------------------

"Se estás irado contra o próximo, estás irado contra Deus. [...] Honra o próximo e terás honrado a Deus."
— Santo Efrém da Síria

Segunda-feira

Terça-feira

Quarta-feira

Intenções especiais de oração para esta semana:

O que me esforçarei para mudar, com a ajuda de Deus, nesta semana?

À intercessão de que santo encomendarei os meus dias?

Quinta-feira

Sexta-feira

Sábado

Domingo

Mês: ....

"Jesus transforma a colherada mais amarga em doce."
— Santa Teresinha

Segunda-feira

Terça-feira

Quarta-feira

Intenções especiais de oração para esta semana:

O que me esforçarei para mudar, com a ajuda de Deus, nesta semana?

À intercessão de que santo encomendarei os meus dias?

Quinta-feira

Sexta-feira

Sábado

Domingo

Mês: _____

"Inevitavelmente nos assemelhamos ao que amamos."
— São Francisco de Sales

Segunda-feira

Terça-feira

Quarta-feira

Intenções especiais de oração para esta semana:

O que me esforçarei para mudar, com a ajuda de Deus, nesta semana?

À intercessão de que santo encomendarei os meus dias?

Quinta-feira

Sexta-feira

Sábado

Domingo

Mês: _____

"Nada te perturbe, Nada te espante,
Tudo passa, Deus não muda."
— Santa Teresa de Ávila

Segunda-feira

Terça-feira

Quarta-feira

Intenções especiais de oração para esta semana:

O que me esforçarei para mudar, com a ajuda de Deus, nesta semana?

À intercessão de que santo encomendarei os meus dias?

Quinta-feira

Sexta-feira

Sábado

Domingo

Mês: _____

"Não condenes a prata apenas porque tens ouro."
— São Cirilo de Jerusalém

Segunda-feira

Terça-feira

Quarta-feira

Intenções especiais de oração para esta semana:

O que me esforçarei para mudar, com a ajuda de Deus, nesta semana?

À intercessão de que santo encomendarei os meus dias?

Quinta-feira

Sexta-feira

Sábado

Domingo

Mês: ....

"O amor tudo desculpa, tudo crê,
tudo espera, tudo suporta."
— 1 Cor 13, 7

Segunda-feira

Terça-feira

Quarta-feira

Intenções especiais de oração para esta semana:

O que me esforçarei para mudar, com a ajuda de Deus, nesta semana?

À intercessão de que santo encomendarei os meus dias?

Quinta-feira

Sexta-feira

Sábado

Domingo

Mês: _____

> "Se caio a cada instante, na fé confiante farei com que Ele me levante."
> — Santa Elisabete da Trindade

Segunda-feira

Terça-feira

Quarta-feira

Intenções especiais de oração para esta semana:

O que me esforçarei para mudar, com a ajuda de Deus, nesta semana?

À intercessão de que santo encomendarei os meus dias?

Quinta-feira

Sexta-feira

Sábado

Domingo

Mês: ....

"Se estivermos unidos à vontade divina em todas as tribulações, é certo, vamos nos tornar santos e seremos os mais felizes do mundo."
— Santo Afonso Maria de Ligório

Segunda-feira

Terça-feira

Quarta-feira

Intenções especiais de oração para esta semana:

O que me esforçarei para mudar, com a ajuda de Deus, nesta semana?

À intercessão de que santo encomendarei os meus dias?

Quinta-feira

Sexta-feira

Sábado

Domingo

Mês: ....

"Não há pecado ou falta que ofereça ao homem tamanho antegosto do inferno nesta vida quanto a raiva e a impaciência."

— Santa Catarina de Sena

Segunda-feira

Terça-feira

Quarta-feira

Intenções especiais de oração para esta semana:

O que me esforçarei para mudar, com a ajuda de Deus, nesta semana?

À intercessão de que santo encomendarei os meus dias?

Quinta-feira

Sexta-feira

Sábado

Domingo

Mês: ....

"Quando olhas para teu irmão, vês a Deus."
— São Clemente de Alexandria

Segunda-feira

Terça-feira

Quarta-feira

Intenções especiais de oração para esta semana:	O que me esforçarei para mudar, com a ajuda de Deus, nesta semana?
	À intercessão de que santo encomendarei os meus dias?

Quinta-feira

Sexta-feira

Sábado

Domingo

Mês: ....

"É possível fazer outras coisas contra a própria vontade, mas crer só é possível para quem o deseja."
— Santo Agostinho

Segunda-feira

Terça-feira

Quarta-feira

Intenções especiais de oração para esta semana:

O que me esforçarei para mudar, com a ajuda de Deus, nesta semana?

À intercessão de que santo encomendarei os meus dias?

Quinta-feira

Sexta-feira

Sábado

Domingo

Mês: ....

"Nós somos como um lápis com que Deus escreve os textos que Ele quer ditos nos corações dos homens."
— Santa Dulce dos Pobres

Segunda-feira

Terça-feira

Quarta-feira

Intenções especiais de oração para esta semana:

O que me esforçarei para mudar, com a ajuda de Deus, nesta semana?

À intercessão de que santo encomendarei os meus dias?

Quinta-feira

Sexta-feira

Sábado

Domingo

Mês: ....

"Aí onde estão nossos irmãos, [...] nossas aspirações, nosso trabalho, nossos amores — aí está o lugar do nosso encontro cotidiano com Cristo."
— São Josemaria Escrivá

Segunda-feira

Terça-feira

Quarta-feira

Intenções especiais de oração para esta semana:

O que me esforçarei para mudar, com a ajuda de Deus, nesta semana?

À intercessão de que santo encomendarei os meus dias?

Quinta-feira

Sexta-feira

Sábado

Domingo

Mês: _____

"Olhai as aves do céu: não semeiam nem ceifam, nem recolhem nos celeiros, e vosso Pai celeste as alimenta. E não valeis vós muito mais que elas?"
— Mt 6, 25-26

Segunda-feira

Terça-feira

Quarta-feira

Intenções especiais de oração para esta semana:

O que me esforçarei para mudar, com a ajuda de Deus, nesta semana?

À intercessão de que santo encomendarei os meus dias?

Quinta-feira

Sexta-feira

Sábado

Domingo

Mês: _____

"Para o homem bom, morrer é ganhar. O tolo teme a morte como o maior dos males; o sábio a deseja como um descanso após a fadiga e como o fim das enfermidades."
— Santo Ambrósio de Milão

Segunda-feira

Terça-feira

Quarta-feira

Intenções especiais de oração para esta semana:

O que me esforçarei para mudar, com a ajuda de Deus, nesta semana?

À intercessão de que santo encomendarei os meus dias?

Quinta-feira

Sexta-feira

Sábado

Domingo

Mês: _____

"Se alguém pensa ser piedoso, mas não refreia a sua língua e engana o seu coração, então é vã a sua religião."
— Tg 1, 26

Segunda-feira

Terça-feira

Quarta-feira

Intenções especiais de oração para esta semana:

O que me esforçarei para mudar, com a ajuda de Deus, nesta semana?

À intercessão de que santo encomendarei os meus dias?

Quinta-feira

Sexta-feira

Sábado

Domingo

Mês: _____

"Comer e beber não selam amizades — estas até ladrões e assassinos têm. [...] Se nos importamos uns com os outros, que nos ajudemos espiritualmente."
— São João Crisóstomo

Segunda-feira

Terça-feira

Quarta-feira

Intenções especiais de oração para esta semana:

O que me esforçarei para mudar, com a ajuda de Deus, nesta semana?

À intercessão de que santo encomendarei os meus dias?

Quinta-feira

Sexta-feira

Sábado

Domingo

Mês: ....

"O homem permanece para si mesmo um ser incompreensível e sua vida é destituída de sentido se não lhe for revelado o amor."
— São João Paulo II

Segunda-feira

Terça-feira

Quarta-feira

Intenções especiais de oração para esta semana:

O que me esforçarei para mudar, com a ajuda de Deus, nesta semana?

....

À intercessão de que santo encomendarei os meus dias?

Quinta-feira

Sexta-feira

Sábado

Domingo

Mês: _____

"Habitue-se a ouvir a voz do seu coração. É através dele que Deus fala conosco e nos dá a força que necessitamos para seguirmos em frente, vencendo os obstáculos que surgem na nossa estrada."
— Santa Dulce dos Pobres

Segunda-feira

Terça-feira

Quarta-feira

Intenções especiais de oração para esta semana:

O que me esforçarei para mudar, com a ajuda de Deus, nesta semana?

À intercessão de que santo encomendarei os meus dias?

Quinta-feira

Sexta-feira

Sábado

Domingo

Mês: ---------------------------------

"Saber quem devemos evitar é um grande meio de salvar nossas almas."
— São Tomás de Aquino

Segunda-feira

Terça-feira

Quarta-feira

Intenções especiais de oração para esta semana:

O que me esforçarei para mudar, com a ajuda de Deus, nesta semana?

À intercessão de que santo encomendarei os meus dias?

Quinta-feira

Sexta-feira

Sábado

Domingo

Mês: _____

"O segredo da felicidade está em viver momento a momento e agradecer a Deus por tudo o que Ele, em sua bondade, nos envia dia após dia."
— Santa Gianna Molla

Segunda-feira

Terça-feira

Quarta-feira

Intenções especiais de oração para esta semana:

O que me esforçarei para mudar, com a ajuda de Deus, nesta semana?

À intercessão de que santo encomendarei os meus dias?

Quinta-feira

Sexta-feira

Sábado

Domingo

Mês: _____

"O mundo lhe oferece conforto, mas você não foi feito para o conforto. Você foi feito para a grandeza."
— Bento XVI

Segunda-feira

Terça-feira

Quarta-feira

Intenções especiais de oração para esta semana:

O que me esforçarei para mudar, com a ajuda de Deus, nesta semana?

À intercessão de que santo encomendarei os meus dias?

Quinta-feira

Sexta-feira

Sábado

Domingo

Mês: ....

"O que pode temer quem vive nos braços
e no seio de Deus?"
— São Paulo da Cruz

Segunda-feira

Terça-feira

Quarta-feira

Intenções especiais de oração para esta semana:

O que me esforçarei para mudar, com a ajuda de Deus, nesta semana?

À intercessão de que santo encomendarei os meus dias?

Quinta-feira

Sexta-feira

Sábado

Domingo

Mês: _____

"O Senhor é minha luz e minha salvação, a quem temerei? O Senhor é o protetor de minha vida, de quem terei medo?"
— Sl 27, 1

Segunda-feira

Terça-feira

Quarta-feira

Intenções especiais de oração para esta semana:

O que me esforçarei para mudar, com a ajuda de Deus, nesta semana?

À intercessão de que santo encomendarei os meus dias?

Quinta-feira

Sexta-feira

Sábado

Domingo

Mês: ....

"Verdadeiramente feliz é aquele que possui tudo o que deseja e que não deseja ter nada do que não lhe convém."
— Santo Agostinho

Segunda-feira

Terça-feira

Quarta-feira

Intenções especiais de oração para esta semana:

O que me esforçarei para mudar, com a ajuda de Deus, nesta semana?

À intercessão de que santo encomendarei os meus dias?

Quinta-feira

Sexta-feira

Sábado

Domingo

Mês: _____

"Nós tornamo-nos o que amamos, e quem amamos dá forma ao que nos tornamos."
— Santa Clara de Assis

Segunda-feira

Terça-feira

Quarta-feira

Intenções especiais de oração para esta semana:

O que me esforçarei para mudar, com a ajuda de Deus, nesta semana?

À intercessão de que santo encomendarei os meus dias?

Quinta-feira

Sexta-feira

Sábado

Domingo

Mês: ....

"A felicidade é a vida natural do homem."
— São Tomás de Aquino

Segunda-feira

Terça-feira

Quarta-feira

Intenções especiais de oração para esta semana:

O que me esforçarei para mudar, com a ajuda de Deus, nesta semana?

À intercessão de que santo encomendarei os meus dias?

Quinta-feira

Sexta-feira

Sábado

Domingo

Mês: ....

"Sempre te ocupes de algo que valha a pena; deste modo, o Diabo sempre te encontrará ocupado."
— São Francisco de Assis

Segunda-feira

Terça-feira

Quarta-feira

Intenções especiais de oração para esta semana:

O que me esforçarei para mudar, com a ajuda de Deus, nesta semana?

À intercessão de que santo encomendarei os meus dias?

Quinta-feira

Sexta-feira

Sábado

Domingo

Mês: ....

"O que temer? Nada. A quem temer? Ninguém. Por quê? Porque aqueles que se unem a Deus obtêm três grandes privilégios: onipotência sem poder; embriaguez sem vinho e vida sem morte."

— São Francisco de Assis

Segunda-feira

Terça-feira

Quarta-feira

Intenções especiais de oração para esta semana:

O que me esforçarei para mudar, com a ajuda de Deus, nesta semana?

....

À intercessão de que santo encomendarei os meus dias?

Quinta-feira

Sexta-feira

Sábado

Domingo

Mês: _____

> "Uma água turva e agitada não espelha a face de quem sobre ela se debruça. Se queres que a face de Cristo, que te protege, se espelhe em ti, sai do tumulto das coisas exteriores, seja tranquila a tua alma."
> — Santo Antônio de Pádua

Segunda-feira

Terça-feira

Quarta-feira

Intenções especiais de oração para esta semana:

O que me esforçarei para mudar, com a ajuda de Deus, nesta semana?

À intercessão de que santo encomendarei os meus dias?

Quinta-feira

Sexta-feira

Sábado

Domingo

Mês: _____

"Nem todos nós podemos fazer grandes coisas,
mas podemos fazer pequenas coisas com grande amor."
— Santa Teresa de Calcutá

Segunda-feira

Terça-feira

Quarta-feira

Intenções especiais de oração para esta semana:

O que me esforçarei para mudar, com a ajuda de Deus, nesta semana?

À intercessão de que santo encomendarei os meus dias?

Quinta-feira

Sexta-feira

Sábado

Domingo

Mês: _____

"Se alguém de vós necessita de sabedoria, peça-a a Deus — que a todos dá liberalmente, com simplicidade e sem recriminação — e lhe será dada."
— Tg 1, 5

Segunda-feira

Terça-feira

Quarta-feira

Intenções especiais de oração para esta semana:

O que me esforçarei para mudar, com a ajuda de Deus, nesta semana?

À intercessão de que santo encomendarei os meus dias?

Quinta-feira

Sexta-feira

Sábado

Domingo

Mês: ....

"Mantém teus olhos em Deus e deixa que Ele faça tudo.
Isto é tudo o que deves te preocupar em fazer."
— Santa Joana de Chantal

Segunda-feira

Terça-feira

Quarta-feira

Intenções especiais de oração para esta semana:

O que me esforçarei para mudar, com a ajuda de Deus, nesta semana?

À intercessão de que santo encomendarei os meus dias?

Quinta-feira

Sexta-feira

Sábado

Domingo

Mês: _____

"Não esqueçamos nunca: há algo de santo, de divino, escondido nas situações mais comuns, algo que a cada um de nós compete descobrir."
— São Josemaria Escrivá

Segunda-feira

Terça-feira

Quarta-feira

Intenções especiais de oração para esta semana:

O que me esforçarei para mudar, com a ajuda de Deus, nesta semana?

À intercessão de que santo encomendarei os meus dias?

Quinta-feira

Sexta-feira

Sábado

Domingo

Mês: ....

"No coração de cada homem, por mais violento que seja, há sempre uma semente de amor prestes a brotar."
— Santa Dulce dos Pobres

Segunda-feira

Terça-feira

Quarta-feira

Intenções especiais de oração para esta semana:

O que me esforçarei para mudar, com a ajuda de Deus, nesta semana?

À intercessão de que santo encomendarei os meus dias?

Quinta-feira

Sexta-feira

Sábado

Domingo

Mês: ....

"Não sou capaz de fazer grandes coisas,
mas quero fazer tudo, mesmo o que houver de mais
insignificante, para a maior glória de Deus."
— São Domingos Sávio

Segunda-feira

Terça-feira

Quarta-feira

Intenções especiais de oração para esta semana:

O que me esforçarei para mudar, com a ajuda de Deus, nesta semana?

À intercessão de que santo encomendarei os meus dias?

Quinta-feira

Sexta-feira

Sábado

Domingo

Mês: ....

"Se formos o que devemos ser, incendiaremos o mundo."
— Santa Catarina de Sena

Segunda-feira

Terça-feira

Quarta-feira

Intenções especiais de oração para esta semana:

O que me esforçarei para mudar, com a ajuda de Deus, nesta semana?

À intercessão de que santo encomendarei os meus dias?

Quinta-feira

Sexta-feira

Sábado

Domingo

Mês: _____

"Deus não apressa Suas obras.
Ele faz tudo a seu tempo."
— São Vicente de Paulo

Segunda-feira

Terça-feira

Quarta-feira

Intenções especiais de oração para esta semana:

O que me esforçarei para mudar, com a ajuda de Deus, nesta semana?

À intercessão de que santo encomendarei os meus dias?

Quinta-feira

Sexta-feira

Sábado

Domingo

As vitórias do ano que passou:

O que espero para o próximo ano:

Anotações

Anotações

Anotações

Anotações

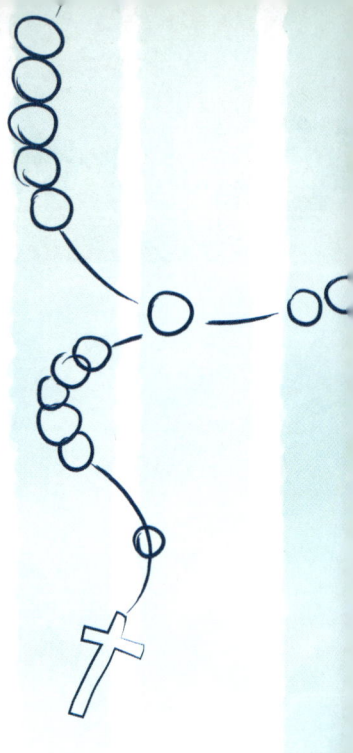

Direção editorial
Daniele Cajueiro

Editor responsável
Hugo Langone

Produção editorial
Adriana Torres
Mariana Bard

Capa, projeto gráfico e diagramação
Larissa Fernandez Carvalho
Leticia Fernandez Carvalho

Este *planner* foi impresso em 2020
para a Petra.